JN411272

오늘, 하늘을 보았다

2024 공주북중학교 학생시집

오늘, 하늘을 보았다

2024년 10월 14일 초판 1쇄 발행

지은이 공주북중학교 학생들
펴낸곳 도서출판 심지
등 록 제 2003-000014호
주 소 34570 대전광역시 동구 대전천북로 12
전 화 042 635 9942
팩 스 042 635 9941
전자우편 simji42@hanmail.net

ISBN 978-89-6627-259-4 43810

오늘, 하늘을 보았다

2024 공주북중학교 학생시집

심지

차례

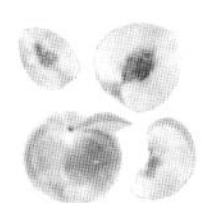

1부 복숭아의 꿈

2부 초록 정원

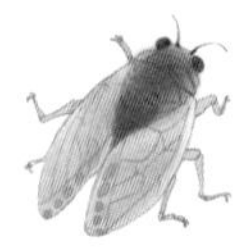

3부 나에겐 어려운 질문

4부 내일도 달릴 수 있겠다

여는 글

『오늘, 하늘을 보았다』를 발간하며

가슴이 설렙니다. 우리 공주북중학교 친구들이 세 번째 시집을 선보입니다. 지난 2022년 첫 시집 『날아라 솜털우산』을 들고 마냥 즐거웠던 기억이 채 가시기도 전에, 2023년 『내 작은 사막여우』가 지역사회를 놀라게 했습니다. 그리고 2024년, 또다시 일을 냈습니다. 『오늘, 하늘을 보았다』를 선보입니다. 작품을 완성한 친구들을 모두 칭찬합니다.

시인에게는 시를 쓰는 보람도 있지만 낯선 시를 읽는 기쁨을 빼놓을 수 없습니다. 시인은 혼자서 즐기는 나르시스트가 아닙니다. 사람과 사람끼리 나누는 마음을 중요하게 생각합니다. 특별히 청소년들과 나누는 교감이야말로 또 다른 시상(詩想)이 됩니다. 그런 뜻에서 시작(詩作)을 통한 공주북중학교 친구들과의 만남은 정말 아름다운 기억이 될 것입니다. 또 우리 친구들에게는 좋은 시인들과의 만남과 이 좋은 성과물(시집)이 소중한 보물이 될 것입니다. 시적 상상력은 친구들이 장차 어디서 무슨 일을 하며 살더라도 정신의 영양제가 될 것입니다. '체력은 국력이다'라는 말은 바뀌어야 합니다. '상상력은 국력이다'로 말입니다.

그리고 '시를 잘 쓴다'는 말은 실은 적절한 말은 아닙니다. '이것은 정말 다른 작품이다'라는 말이 더 좋은 칭찬입니다. 유사 이래 시(詩)가 사라지지 않는 까닭은 무엇일까요? '다름'의 미학 때문 아닐까요? 우리 친구들 작품은 하나하나 모두 다릅니다. 똑같은 생각, 똑같은 형식은 하나도 없습니다. 저는 친구들의 미래의 삶도 그러하기를, '정말 다르기를' 기도합니다. 그래서 교육이 중요합니다. 교육은 우열을 가리는 일도, 못하는 것을 지적하는 일도 아닙니다. 잘하는 것을 더 잘하도록 앙양시키는 일입니다. 시적 상상력을 꾸준히 길러준다면, 자신이 잘하는 것을 발견하고 기뻐게 자기 길을 달려가리라 믿습니다.

시인들이 이런 마음으로 친구들을 도왔습니다. 이 모든 공은 공주북중학교 친구들, 이 시대 최고의 교육자들인 공주북중학교 선생님들, 그리고 멋진 이름 '공주*Book*중 노벨문학상 프로젝트'를 기획하신 김학도 교장 선생님과 김은숙 교감 선생님께 돌립니다. 물론 실무로 애쓰신 변향숙 부장님께도요. 끝으로 시집을 정성껏 만들어주신 출판사 '심지'에 감사드립니다.

학교 운동장에 하얀 목련 가득 필 때 공주북중학교 시인 친구들을 다시 보고 싶습니다.

2024년 9월 30일

최복주 최은숙 함순례 박용주 시인을 대표하여

박용주 씀

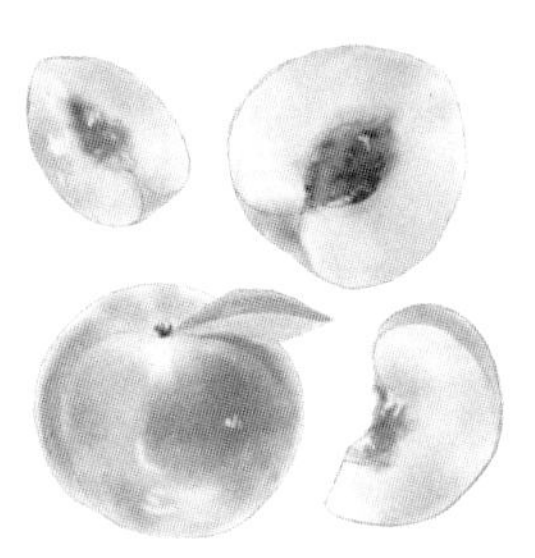

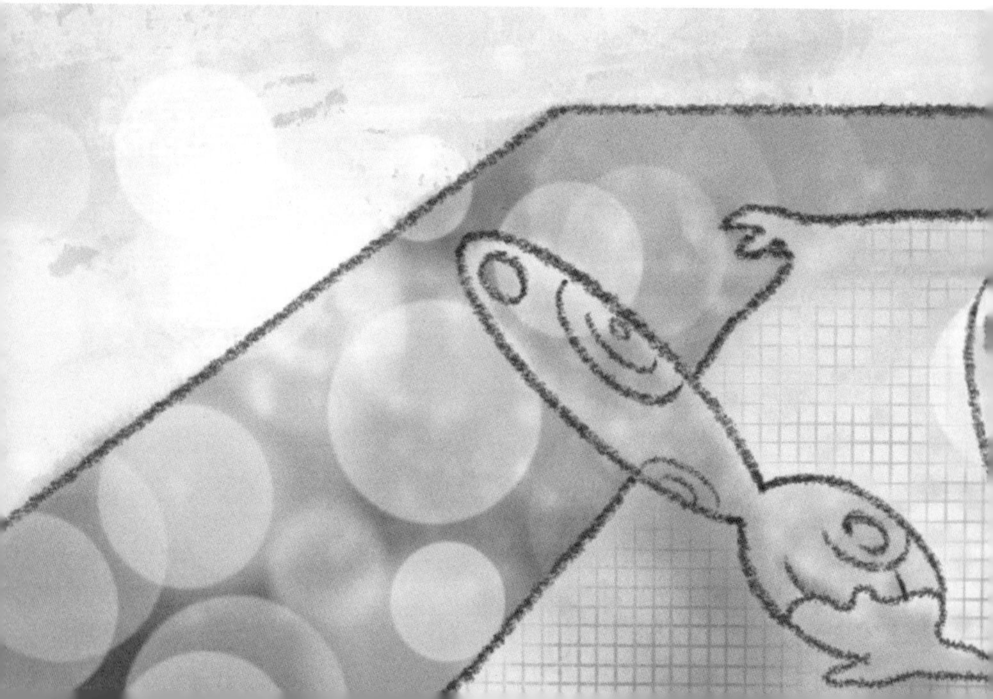

1부

복숭아의 꿈

엄마는 병원에 있다

3학년 신희재

엄마는 병원에 있다
우리 집은 소리 없이 엄마를 부른다
'빨래 가져가 ~'
분명히 엄마의 말인데, 아빠의 음성이다
아빠가 갠 수건은 엄마가 갠 수건과
닮은 듯 안 닮았다
그저 정사각형과 직사각형을 보는 것 같다
저녁 밥상이 차려졌다
매일 먹던 밥과 반찬들
하지만 허전하다
잔소리와 물음표도 없다
"일찍 좀 자라, 얼릉 일어나"
불친절한 알람 소리도 울리지 않는다
아무도 나에게 말을 걸지 않는다
우리 집 알람, 엄마는 병원에 있다

일주일이 일 년이다

복숭아의 꿈

3학년 석아인

나는 분홍빛 복숭아
아직은 덜 익어 시큼한,
깨끗하고 예쁜 복숭아

햇살이 내리쬐고
내 몸은 뜨겁게 타들어가고
다른 친구들에 치여
이곳 저곳 까만 멍이 들어도
난 기쁘다
햇살에 익어 흐물거리고
이리저리 치어 까맣게 변하면
나는 더 달콤해질 수 있어

망가지고 상처가 나
온몸이 부서질 듯 아프지만

이제 사람들의 입속에 들어가
사르르 녹으며 달콤한 행복을 줄
그날을 기다리며

햇볕은 뜨겁게 내리쬐고
분홍빛 얼굴, 향기 퍼지는
눈부신 여름

칠월을 견디며
아프지만 찬란한 시간을 보낸다

첫사랑 이루기 프로젝트

1학년 안다윤

할머니가 절구에 꽃잎을 넣고 찧으신다
하얀 백반을 넣자 붉은 즙이 절구를 물들인다
꽃 반죽을 조물조물 동그랗게 만들어서
내 열 손가락에 올려 주셨다
비닐을 씌우고 실로 감아 묶는다

할머니, 첫눈 올 때까지 봉숭아 물이 남아있으면
첫사랑이 이루어져요?
할머니께서 눈가에 주름이 잡히게 웃으셨다
우리 다윤이 마음이 간절하면 이루어질 거야

정말일까
급식도 골고루 잘 먹는 그 애
싫어하는 시금치도 마법처럼 먹게 해준
체육 시간에 열정적으로 발야구를 하는 그 애

의욕이 없었던 내가 체육 시간을 즐기게 해준

그 아이와?

행운

1학년 고은비

학원 마치고 집으로 가는 길
잔디밭에 꼭 있는 토끼풀 시계꽃

뒤적뒤적 찾고 또 찾아도
보이지 않는 네잎클로버

세잎클로버들은 자기를 찾는 줄 알고
서로서로 반가워 까치발 세운다

잎 하나 더 가졌다고
은밀히 숨어서 모른 척 지켜보고 있기야?

오늘도 역시나 없다
행운이 그리 쉽게 잡히지 않겠지

꼭꼭 숨어 있어도
어딘가 있을 거라는 마음

정류장에 도착하자마자
기다렸다는 듯 버스가 들어오듯이

고양이라면

3학년 전혜린

점심시간이 끝나갈 무렵
수돗가엔 웃으며 양치하던 친구들은 가고
간지러운 바람과 푸른빛만이 흐른다

벤치에 앉아 잠시 눈을 감으면
운동장 건너 친구들의 웃음소리,
새소리가 선명해진다

평화로움에 문득 눈을 뜨면
따끈해진 땅에 고양이가 뒹굴고 있다

저 고양이는 알지 못할
부러움을 느낀 채
종이 치기 전에 교실로 돌아가야 한다

서두르자

내가 고양이라면

교실에 안 가도 되겠지

우리 아빠의 한 서방

1학년 김강희

농구대회가 끝나고 짜장면집에서
의당초 농구팀이 짜장면을 먹었다

너가 재호야? 한 서방 우리 강희한테 잘해
아니 아빠 왜 그러는 거야!

다 먹고 이제 가려는데
우리 아빠가 급발진으로
전 남친을 안았다
한재호도 당황했는지 눈이 농구공이 되고
입은 오 모양으로 동글해졌다
학생, 선생님, 부모님들이 다 있는데도!

그 순간 온몸에 뽱뽱 하고 닭살이 돋았다
너무 부끄럽고 창피하고 민망해서

찰싹찰싹 아빠 등을 쳤다
내 남친 부모님도 당황했는지
나를 포옥하고 안으셨다

100점 맞은 날

1학년 조지원

처음으로 수학 시험을 100점 맞은 날
엄마와 아빠가 싸웠다
싸운 이유는 술 때문이다
점수를 자랑하고 싶었지만 말하지 못했다
끼어들면 더 싸움이 커질까 봐 무서웠다
왜 맨날 술이야
언제까지 술만 마실 거야
계속해서 질러대는 소리

끝났나 조용해진 사이
자랑하러 갔다
엄마는 베란다에 혼자 앉아 있었다
엄마의 뒷모습은 흐린 날씨 같았다
이제는 지쳤다는 어깨의 표정
나는 말할 수가 없다

싸움이 점점 더 길어지면서
오빠와 나는 조용히 지내는 날이 많아졌다
언제 부모님은 옛날처럼 웃을 수 있을까?

엄마와 첫째 딸

1학년 조소윤

2024년이 되던 해에 내 사춘기도 같이 와버렸다
며칠 전 씻고 보일러를 안 껐더니
일을 마치시고 돌아온 엄마가 야단치셨다
왜 안 껐니?
변명하지 마
감정이 격해져서 엄마에게 소리쳤다
어쩌라는 거야!

어머니는 화를 식히러 방에서 나가시고
나는 이불 속에서 눈물만 펑펑 쏟아냈다
거실과 나의 방은 냉랭하고 아무 소리도 들리지 않았다
죄송해요 엄마
엄마에게 편지를 남겼다
엄마도 미안하다고 하셨다
다음부터 보일러 잘 끄고 말로 잘 대화하자고 하셨다

원래 첫째는 서운한 게 많다
동생이 안 꼈다면 엄마는 그렇게 화내지 않았을 거다
이런 생각이 사춘기일까?

내 하루는 발야구

2학년 최혜지

엄마가 깨우는 소리에 벌떡 일어난다
싸한 느낌을 받으며 시계를 보니 8시다
나에겐 지금 1분 1초가 아깝다

서두르니 아직 버스가 있다
버스에 앉아 블랙홀처럼 핸드폰으로 빨려 들어가다가
내가 내릴 정류장을 놓치고 한 정류장 더 갔다
마음속으로 나와 핸드폰을 번갈아 보면서 짜증냈다

학교가 끝나고
버스를 놓칠세라 뛰었다
간신히 세이브다

버스를 타고 집에 가면
엄마의 따뜻한 저녁이 기다리고 있다

1,2,3루에서 조마조마하다가
간신히 세이브해 홈까지 들어와
마음 놓고 쉴 수 있는
내 하루는 발야구 같다

딸기 요거트

2학년 이소은

이 딸기 요거트는
고모할머니가 알려 주신 레시피로 만든 것이다
요거트 한 개와 딸기잼 두 스푼을 넣고 휘적휘적
맛을 보면 달달하고 아삭한 생딸기가 씹힌다
가장 좋은 것은
나무 숟가락에 남은 요거트를 핥아 먹을 때인데
고모할머니가 돌아가시고 나니
그 맛이 잘 나지 않는다

퀴즈

1학년 김서형

이건 음식과도 같다
파이 한 조각을 먹는 것처럼 쉽기도 하고
직접 랍스터를 깨먹는 것처럼 어렵기도 하다
케이크처럼 달달하다가도
어떨 땐 고추처럼 혀가 아리고 맵기도 하다
이것은?

·

·

·

꼭 인생 같지 않니?

내 연필

3학년 유성은

나에게는 수많은 연필의 시체가 있다
깎다가 실패해서 부러뜨리거나
떨어져서 부러졌거나
너무 많이 써서 짧아졌거나
맘에 안 들어서 계속 갈다가 짧아졌거나

그렇게 하나, 둘 쌓여가는 연필들
저 연필들이 통에 담을 수 없을 정도로 많아질 때쯤
그때쯤에는 내 꿈을 이루었겠지
그럼 저 연필들이 노력의 증거가 되겠지

바다라는 계절

2학년 강예원

작은 자전거 하나, 큰 자전거 둘
우리는 바다를 달리고 있다
바다가 자전거를 감싸고
우리는 더 빠르게 페달을 밟았다
검은색 자전거와 흰색 자전거를 추월하는
내 노란색 자전거가 우쭐댄다
햇볕은 파도 소리 들으며 노을이 되어 내려온다
바다는 우릴 향해 다가와 비릿함을 남겼고
손가락 끝에 튕겨 나온 물방울들은
웃음소리로 이어졌다
우린 세상을 다 가졌다

엄지 척!

2학년 김선주

남자아이한테 맞았다니까
누구야, 이름 대! 하는 엄도경
엄도경! 하고 부르면
엄도경? 성 빼고 이름만 불러! 하는 도경이
피구를 하면 슝슝 날아다니면서
국어 시간 선생님께서 보여주신 슬픈 영상을 보고
흐규흐규 엉엉 우는 피구왕
야! 하면 다들 뒤돌아볼 정도로 목소리가 큰 내 친구
쿠션, 쉐딩, 하이라이트, 틴트, 아이섀도
연예인 뺨치는 외모
괜찮아? 속상했겠다
그렇게 말하는 나의 엄지

비밀번호

3학년 방서은

엄마가 비밀번호를 누를 땐
띠띠띠띠

아빠가 비밀번호를 누를 땐
띠 띠 띠 띠

내가 비밀번호를 누를 땐
띠띠띠띠

할머니가 비밀번호를 누를 땐
띠 띠 띠 띠

할아버지가 비밀번호를 누를 땐
띠   띠띠   띠 삐삐삐삐
띠   띠   띠 띠

나에게 넌

3학년 문예슬

너와 함께했던 모든 순간이 소중했는데
학원에서 널 보고 첫눈에 반했을 때도
너와 잠깐이나마 연락이 됐을 때도 모두 다,
너 한번 보겠다고 화장하고 학교 끝나고
집에 가서 옷까지 갈아입었는데
넌 나에게 고개 한 번 돌리지 않아
좋아하는 동안 내내 상처만 받고
상처는 갈수록 커지고…
이젠 너에 대한 마음을 접었다
접는데 만 한 달 넘게 걸렸다
그렇게 널 잊고 시간이 지나
이제는 남자 친구가 생겼다
지금은 톡에서 널 완전히 지우고
찾아볼 수 없지만
숨 참는다고 참아지면 사람인가

잊겠다고 잊혀지면 뭐가 걱정인가

사랑이었다, 나에게 넌 정말로

대야 빙수

1학년 이해원

에어컨을 틀어도 더운 날에
동네 정자에 모였습니다
친구들이 가져온 재료를 몸통만 한 대야에 넣었습니다

해원이는 솜사탕같이 사르르 녹는 살얼음을 넣고
주언이는 달짝지근한 팥
시연이는 쫀득한 인절미까지 넣었습니다

이제 크게 한술 뜨려고 할 때,
아! 마지막으로 지우가 가져온 연유까지 뿌리면
너도 한 입, 나도 한 입
대야 바닥에 비친 우리들의 모습
깔깔 웃었습니다

냉장고를 털어 온 재료로 만든
특별 수제 빙수 설빙보다 맛있습니다

빙수가 몸 안에 들어온 것이 아니라
우리가 빙수 속에 들어간 것 같습니다

땀 친구

1학년 홍수현

체육대회 날이 다가오니
땀도 같이 있다
힘들지 않길 바라는 것일까?
같이 달려주고
같이 쉬어 준다
풀처럼 달라붙어 있어도
좋아서 웃는다

오늘, 하늘을 보았다

2학년 임은솔

뚜루뚜루 햇빛 소리 가득했던 오후
처음 봤다
항상 건물이 질투하는 공간뿐이었는데
잔디에 대자로 눕자
하늘이 수직으로 꽂혀왔다

찬란했다 오로지 하늘만 가득했다
구름의 팔레트
끝에는 뭐가 있을까
행성이 춤을 출까
눈을 피한 별이 빛날까
세상은 마치 음악의 리듬인 듯
빛나는 순간이 길어졌다 짧아졌다 한다
마음속에 책 한 권이 추가되었다
내가 먼저 손 내밀었다

2부

초록 정원

방명록 라인

1학년 레응억니

수첩은 아직 거기에 있어요
다시 여름이 오고
학교 운동장엔 붉은 봉황 같은
포인시아나 꽃이 가득 피고
당신의 머리카락에는 이슬이 맺혔습니다

돌아갈 수 있으면 좋겠어요
우리 같이 놀았던 학교로
사랑했던 그 시절로
깊게 남아 있는 추억은 당신을 몰래 기억합니다

바보 같은 사랑, 외롭고 외로워
일방적으로 사랑 노래만 부르네요
지금 당신 곁에는 누가 있나요?
감히 물어볼 수가 없어요

수첩은 아직 거기에 있어요
몇 년이 지나도 내 마음을 지배하고 있어요
인생 탐색을 위해 날아다니는
봉황이 피는 계절마다 그리움이 가득해요

초록 정원

1학년 전아인

나의 행운은 위험할 때 생기지
계단에서 데굴데굴 굴러도 다치지 않고
동생이 날 놀리고 때리면 부모님이 와서
버럭 혼내주지

즐거울 때도 나타나지
틀린 줄 알았던 문제를 맞히고
장난감 뽑기를 하면 좋아하는 미니어처가 나오지

예상치 못할 때도 나오지
엄마가 내가 원하던
레진아트 만들기 세트를 사주고
내가 원하던 중학교에도 들어왔지

네잎클로버가 내 안에 있나 봐

나의 행복은 매일매일 있어

내 마음은 네잎클로버가 모인 초록 정원

나비 포옹

1학년 노연희

8레인에 길이는 50m
바닥은 하얀색 직사각형 파란색 타일
자유형 할 때 오른쪽으로 숨 쉴 때 보이는
눈부신 조명

몸이 떨리던 마지막 수영대회가 끝났다
기록은 좋지 않고
내 멘탈은 백지장처럼 텅 비었다

25미터 천천히 준비운동 10번
100미터 빨리 10번하고도 3번 반복
50미터 발차기로 10번 왔다 갔다
25미터 다이빙 10번
마지막 300미터 천천히

힘들어서 울면 수경에 물이 차던 날들
숨이 턱턱 막힐 때까지 달려온 노력들
꿈꿔왔던 그날
물거품처럼 사라지는 것 같았다

지금은 추억으로 남은 도전기
자유로운 시간 달콤한 휴식을 즐기다가도
가끔 생각한다
아, 그때는 정말 힘들었구나

그때의 나에게 한마디 하고 싶다
미안해, 수고했어
그리고 끝까지 버텨줘서 고마워

민들레

2학년 현다빈

작디작은 꽃봉오리였네
아무도 알아채지 못했네
꽃이라고 말하기도 뭐했던
뭐 하나 특별하지 않았던
다른 꽃들 따라 해도 바라보고
소나기도 맞으며 자랐네
드디어 민들레
나를 찾게 되었네
꽃잎은 하나씩 떨어지고
희미한 털만 남아
더 이상 찬란하지 않은 시간
나의 잎들은 바람에 휘날리며 날아갔네
나조차 알아채지 못했던
나는 마지막까지 아름다운 민들레였네

봄의 소리

1학년 김하율

급식을 먹고 나왔다
어, 비가 오네
후다닥 교실로 뛰어 들어간다

이동 수업 시간에도
앗 차거, 몸 위로 빗방울이 떨어진다
체육관으로 달린다

제일 기다리던 음악 시간
소리 없는 비가 창문에 맺힌다
선생님이 틀어 주신 '우산'에서도 비가 온다
오늘따라 내 마음도 또르륵, 비가 내린다

툭 투둑 타닥타닥 송골송골
봄이 맺히는 소리

어떻게 해야 증오하지 않을 수 있을까?

2학년 장샤론

6학년 때 있었던 어떤 일
이 일이 나에게 너무나도 큰 영향을 주었다

낯가림이 심해졌다
발표를 못했다
무대에 올라가지 못했다
사람들이 무서웠다

그 당시 날 보던 한 선생님의 차가운 눈빛이 떠올라서
나는 사람들과 눈을 마주치지 못했다

나는 나를 이렇게 만든 내 친구를
어떻게 해야 증오하지 않을 수 있을까?

곰돌이 인형

3학년 박민정

내 침대에는 내가 가장 아끼는
곰인형이 있다
겉으로 보기엔 깔끔하고
나름 깨끗한데
엄마는 이제 인형을 버리라 한다
새 인형을 사준다고 한다
너무 오래됐지만
아끼는 인형인 만큼 더러워지면
이쁘게 닦아주곤 한다
오래됐다고 안 이쁜 건가?
왜 버려야 하는지 난 모르겠다

싸운 친구

1학년 김가은

친구와 싸웠다
비 내리고 왠지 싸한 그런 날
홧김에 묻힌 빗물
굳은 친구의 얼굴
우리 사이는 찌이익 갈라졌다
밉다 미워
그 아이의 짧은 머리카락이 스치기만 해도 깜짝깜짝 놀랐다

왜 물어보는지는 모르겠지만
친구들이 말한다
화해할 생각 없어?
친구들에게 걔는 화해하고 싶다고 했다
그게 진심일까?
아닌 것 같았다

학원에서 만날 때 모른 척한다
뭐 때문에 그렇게 말했을까?
헷갈린다

수학의 매력

1학년 윤민영

수학은 재미있어
문제를 풀었을 때의 그 쾌감
어려운 문제는
오히려 내 호기심을 불러와

처음 보는 유형의 문제
친구들은 안 배웠다며 포기하겠지만
나는 문제 속으로 들어가
아는 지식 쏟아 부으면
답은 나오게 되어 있으니까

다른 과목은 그럴 수 없지
너와 나의 관계도
쉽게 풀리지 않을 때가 있지

개념과 원리를 이해하면
배우지 않아도
많은 문제를 풀 수 있는

이게 수학의 매력이야

나의 도미노

1학년 이혜령

아빠가 그러셨다
목표를 한 번에 많이 이루려고 하면
의지가 떨어진다고
하나하나 올라가야 한다고
마치 도미노처럼

나도 도미노를 세우기로 했다
하나하나, 다음 도미노는 조금 더 큰 걸로
또 더 큰 걸로
하나하나 차례로 세우지 않으면
엉망이 될 거야!

도미노는 마침내 나를 달까지도
데려갈 거야
내가 세운 도미노

야구팬

3학년 강정윤

야구를 좋아하면 화병이 생긴다

점수 차가 크게 이기면
나눠서 좀 치지 내일 지려고?

점수 차가 적게 이기면
어째 이겨도 겨우겨우 이기냐?

지면 왜 이렇게 못하냐면서
선수들 깎아내리기 바쁘다

잘해도 잘한다 말 못 해주고
못하면 위로 정도도 안 해주고
화만 내는 게 야구팬이다

최고 불행의 날

2학년 김영서

나는 어제 운이 좋으면 오늘 운이 안 좋고
오늘 운이 좋으면 내일 안 좋은
조금은 특별한 삶을 살고 있다

그런데 오늘은 다르다
그 어느 날보다도 운이 안 좋은 날이다
불운이 나에게 엄청난 관심을 보이는 것
아니겠나?

핸드폰이 내 손에서 탈출하지를 않나
학원 숙제가 납치되어
선생님께 혼나지를 않나

잠이 들 때까지
불운은 나를 무시하지 않았다

잠이 오기 전
나는 내일에게 빌었다

행운이 나를 잊지 말아 달라고
그 대가로 나는 오늘을
최고 불행의 날로 삼아
기억하기로 했다

숲

2학년 유지민

어느 날
네가 찾아왔다
새들이 지저귀는 소리
물이 흐르는 소리
매미 우는 소리와 함께

너의 맘속에 들어가야 들을 수 있는 소리
나는 너의 그런 맘이 좋다

남들은 네가 다른 세상에서 온 것 같다고 해도
세상과는 단절된 사람이라고 해도

다른 친구와는 다른 느낌이 드는
이상하고 신비로운
너

바다의 시간

2학년 하은성

오랜 시간 차로 달려 도착한 바다
나는 곧장 바다를 향해 힘껏 발을 뻗는다
짠내가 코를 스치고
모래 밟는 소리와 갈매기의 울음
푸른 수채화 같은 파도가 칠 때
내 맘의 구정물이 씻겨간다

다음 날
내가 서 있던 자리에 조개껍데기가 두 개 있었다
물에 깎여 뭉툭해진 바다의 시간을
기억해달라는 선물이었다
나도 바다에게
맨들맨들 예쁜 돌을 던져주었다
맘에 꼭 간직하겠다는 약속이었다

기억 전시회

1학년 고효은

사진을 보며 기억을 걷는다
기억이라는 이름의 전시회에는

학교 끝나고 열린 빅발리볼 경기에서
처음 스파이크를 날려 득점하는 행복함

소변 실수로 창피해하는 내게 다가와
오줌싸개라고 놀리는 친구에게 화내던 모습

친구 생일 파티 때 친구만 한복 입고
나는 왜 안 입냐고 울던

사진을 보며 기억을 걷는다
봐도 봐도 재밌는 기억 전시회

그 속엔 천진한 내가 있다
나를 웃게 해주는 힘이 있다

1등이네

3학년 정은교

지금은 모두가 1등이다
시험 기간이라 다 열심이다
모두가 서로를 견제하는 듯 말을 건다
한 친구가 책상 위에 역사책만 올려놓아도
"와 너 역사 공부하는 거야?
역사 일등 하겠네"
한 친구가 책상 위에 과학책만 올려놓아도
"와 너 과학 공부도 하는 거야?
과학도 일등이네"
한 친구가 책상 위에 젤리를 올려놓아도
"와 너 젤리도 먹는 거야?
일등 하겠네"
시험 기간에는 열심히 하는 척만 해도
열심히 하는 것처럼 보인다
결과를 보기 전까지는 모른다

지금은 모두가 1등이다

엄마의 미각

3학년 차수연

엄마가 다이어트를 결심한 날
우리 집은 점점 싱거워졌다
올 초에는 반찬이 너무 짜니
조금씩 먹으라고 했고
지난주에는 할머니가 만든 국이 너무 짜다고
물을 한 바가지 넣어 다시 끓이고
어제는 군 계란이 짜다고 소금 찍지 말란다
나중에는 설탕도 짜다고 할까 걱정되는
우리 엄마의 미각

돈이 싫다

3학년 이상화

돈이 세상을 가지고 노는 게 싫다
하얗고 맨들 맨들 윤기 나는 손
울 엄마 손을 거칠게 한 돈이 싫다
울 엄마 눈가 주름을 만든 돈이 싫다
돈이 거리를 만드는 게 싫다
"아빠, 이번 달에 와요? 보고 싶어"
폰을 붙잡고 이런 말 하게 하는 돈이 싫다
계산적인 게 싫다
어찌나 철저한지
숫자가 세상을 짓누른다
세상을 다스리는 돈이 싫다

고라니가 사자를 건드려

3학년 김가윤

내 동생, 할머니 집에만 가면
항상 날 귀찮게 한다
내가 스마트폰을 하고 있으면
자꾸 툭툭 건들고
어떤 땐 핸드폰을 꺼버린다
내가 "하지 마" 하면
"응, 아니야" 하며 또 툭툭!
그렇다고 같이 툭툭 치면
엄마 아빠 뭐라 할 게 뻔해 꾸욱 참는다
내 속을 아는지 모르는지
고라니가 사자를 건든다
그러다가 내가 못 참고 소리를 지르면
"왜 이렇게 예민해"라며
날 이상한 사람으로 만든다
나도 짜증을 참지 못하고 따지면

틀림없이 엄마 아빠가 개입한다
“그만해”
“난 아무것도 안 했는데 뭘 그만해”
“둘 다 똑같애”
이러니 난 항상 억울하다
누가 잘했건 화살은 언제나
나에게만 날아든다

3부

나에겐 어려운 질문

인생 계단

1학년 유정원

사는 일이 엘리베이터처럼
일층에서 꼭대기까지 쭈욱 올라갈 순 없을까

체육관에 울리는 농구공 드리블하는 소리
오늘도 한골, 두 골,
넣지 못했을 때
울려 퍼지는 선생님의 목소리

드리블하고 패스하고 스텝 밟고
동작마다 한숨만 푸욱
그래도 꿋꿋이 앞만 보고 나아간다
포기하는 친구들에 흔들리지 않고

그렇게 한칸 한칸 올라가
땀 냄새에 젖어 옥상에 닿으니

훅하고 불어오는 시원한 바람

빨간색 노란색 주황색
조화롭게 퍼져
서쪽 노을이 타오른다

내가 어둠 속에 있었던 것은
저 노을을 보기 위한
준비과정

나에겐 어려운 질문

1학년 오수빈

학교에서 한 번씩
진로를 물어본다

이 질문을 받을 때마다
난 멈칫한다

네이버에 찾아볼까
관련 책을 사서 볼까

자신이 좋아하는 일을 해라
항상 똑같은 말

내가 좋아하는 일이 뭐야?
내가 잘하는 건?

누구보다도 내가 날 잘 알아야 하는데
이 질문 하나 대답 못하네

의문의 배터리가 닳을 때까지
이젠 나도 피하지 않을래

축구밖에 몰라요

1학년 장서후

유니폼, 깃발, 가방까지 풀장착하고
열정적으로 서포팅 하는 거
남들 눈엔 이상해 보이나?

야, 이번에 백승호 멀티골 넣었대!
월드컵 16강 진출이래!
이럴 때 바보라고 생각할까?

경기를 볼 때마다 열정적으로
박수 치고 환호성하는 나
남들 보기에 이상해 보여도 어쩌겠어
이게 내 행복인데

골이 들어갔을 때의 짜릿함
골문 쪽으로 드리블해가는 쫄깃함

작은 공 하나로
날 무진장 웃게 만들어

그래서 난 축구를 좋아하지
축구 바보가 된 거지

별

1학년 허예은

별이 진짜 예쁘다
말하는 내게
저거 다 인공위성이야
대꾸하는 도장 후배

하지만 그날은 유독 별이 많았고
그래도 저 수많은 인공위성 중에
하나라도 별이 있지 않을까

수많은 절망 중에도
하나라도 희망이 있지 않을까

지친 마음을 닦고
슬픈 마음을 쓸어 담다 보면

우리 언니

3학년 황태연

시험 기간에 알바 하고 오는 언니
알바가 없는 날에도
사장님 힘드실까 봐 가야 한다고
그런 언니가 도무지 이해되지 않는다
언니가 호구야? 왜 다른 사람을 신경 써! 해도
뭐가 그리 좋다고 나를 보고 헤벌쭉 웃고 만다
때로는 호구 같지만
돌아보면 여전히 언니,
우리 언니다

또 다른 세계, 거울

1학년 김주언

나를 보는 유일한 시간
거울은 또 다른 세계

어느 날 뾰루지 하나라도 생기면
거울을 보는 나의 세계에선
전쟁을 알리는 종이 땡~ 울린다

연고를 발라 뾰루지가 잠시 항복하면
거울을 보는 나의 세계에선
휴전을 알리는 종이 댕~ 울린다

내가 좋아하는 아이들은 예쁘기만 하던데
공부도 잘하고 운동도 잘하는데
시험 망치고 체육 수행평가도 C를 맞은 날
속상하고 울컥한 날

나의 거울 세계는

힘겨운 전쟁을 치루는 중

언제쯤 평화를 알리는 종이 울릴까?

밝게 빛나는

3학년 김채희

렌즈를 받는 날
학원 끝나자마자 안경점으로 느릿느릿 걸어간다
딸랑, 안경점의 문이 열리며 부모님이 나를 반겨준다

엄마를 보자마자 렌즈 끼기 싫다고 찡찡
무섭다고 찡찡
어차피 끼게 될 텐데 괜히 짜증을 낸다

거울 앞 나는 가만히 앉아 있는다
한순간에 거울 속 내가 선명하게 보인다

우와!
어때, 잘 보이지?

엄마를 보았다

엄마의 등 뒤로 여러 건물들이 빛났다
하지만 그 어느 것도 엄마보다 밝게 빛나지 않았다

아이패드 병

3학년 김도린

요새 애들이 아이패드를 많이 쓴다
아이패드로 공부하는 모습이 멋져 보인다
굿노트로 필기하는 게 신기해 나도 해보고 싶다
나도 남들에게 멋져 보이고 싶다

집에 갤럭시탭이 있는데도
어딘가 못나 보이고 쓸모가 없어 보인다
아이패드를 설명해주는 영상을 찾아본다
제일 저렴한 모델 아이패드9을 알게 되었다

내 용돈은 애플펜슬 하나 살 돈밖에 없다
머리를 굴려보자
알바를 해야 하나
아님 용돈을 꾸준히 모아 볼까
지금 당장 사고 싶은데

생각이 번쩍 난다
내가 반, 나머지 반은 엄마가 내주면 되지 않을까
엄마도 흔쾌히 허락해 줬다
바로 그날
나머지 반을 엄마한테 이체했다

다음날 아이패드를 받았다
너무너무 예뻐 보인다
학교에서 공부할 생각을 하니 신이 난다

다음날 공부는 안 하고
학교에서 온종일 몰래 유튜브만 보다 왔다
그냥 아이패드가 갖고 싶었나 보다

베트남 여행

2학년 장민서

엄마와 단둘이 베트남에 갔다
동물원에 가서 호랑이와 사진을 찍었다
너무 무서웠다
엄마 아빠에게 혼나는 것보다 더

악어가 많은 곳에 가서 웅덩이에 큰 돌을 던졌다
근데 조준을 잘못하여
입을 벌리고 있는 악어의 이빨이 맞았다
너무 미안했다
친구 발을 실수로 밟은 것보다 더

기린이 있는 곳에도 갔다
카메라를 들자 기린이 내 쪽으로 와 주었다
같이 사진찍기 좋도록 기린은 자세를 낮춰 줬다
너무 고마웠다

친구가 나를 칭찬해준 것보다 더

마지막으로 말을 봤다
말이 뒷발로 나를 치려고 했지만 피했다
말은 내가 너무 좋았나? 기분이 조금 나빴다
오빠가 놀린 것보다 더

내 집은 어디에?

3학년 박하율

난 집이 없다
항상 엄마랑 싸우면
너 나가! 여기 내 집이야
아빠랑 싸워도
당장 나가! 여기 내 집이야

우리 강아지도 개집이 두 개나 있는데
그중에서 안 쓰는
나머지 하나라도 내 집이었으면…

엄마랑 싸우면 항상
여기 내가 산 집이니깐 나가
그러면 난 이렇게 대들지
싫어, 나 여기에 계속 있을 거야
이렇게 말하면

다른 이야기로 넘어간다

근데, 난 다 알아
엄마 아빠 마음을

비에 대한 낭만

2학년 박수빈

비가 주룩주룩 내리는 날
아무도 없고 고요한 때

들판에 누워서 비를 맞으며
눈을 감고 빗소리를 듣는다

마치 내가 들판과 한 몸이 되어서
비를 흡수하는 것 같은 느낌이다

비에 대한 낭만을 이루었다

삶은 그래프

1학년 박수연

내가 느낀 삶은 그래프와 같다
힘들 땐 아래로 행복할 땐 위로

엄마한테 꾸중을 들었을 때는 슬픔이 바닥을 치지만
맛있는 음식을 먹을 때 용돈을 받을 때는
기쁨이 부풀어 오른다

소소한 슬픔과 기쁨이 교차하는
삶의 그래프

지금 우울하다면
좌절하지 말고 기다려보자
머지않아 행복이 오리니

나

2학년 유현서

좋아하는 남자애한테
고백 한번 못 해본 아이

수돗가에서 소리치며 놀던 때
경비아저씨의 잔소리가 그리운 아이

졸업이 마냥 좋은 줄 알았는데
그땐 그렇게 싫던
친구들끼리 싸우던 소리도
이젠 왜 그립기만 한지

모든 것이 처음이었던 때로
돌아가고 싶은 나

반짝이는 나른함

1학년 임희원

드넓은 바다
도화지를 푸른색으로 물들인 것 같다
별이 쏟아지는 밤하늘 같기도 하고
에메랄드빛을 머금은 여름하늘 같기도 하다

찰랑찰랑 햇빛 때문에 반짝거리는 물결
꼭 살아 움직이는 것 같다

불어오는 시원한 바람과
이불을 덮은 것 같이 포근한 햇살
서걱서걱 밟히는 모래까지

나른한 눈부심이 밀려온다
그냥 가만히 앉아 온몸을 맡겨도 좋겠다
걱정은 밀어두고

오늘 하루 만이라도

친절한 계절들

1학년 김선아

봄은 나무에게
옅은 분홍 옷을 선물해 주고

여름은 나무에게
청량한 푸른 옷을

가을은 나무에게
알록달록 붉은 옷을

겨울은 나무에게
포근한 흰 옷을 입혀준다

사계절 덕분에
거리는 색깔을 바꾸며 표정이 다채롭다
보는 나 또한 우울해질 틈이 없다

시험 기간의 어느 날

3학년 김수민

나는 지금 이 진절머리 나는 시험 때문에
이 늦은 밤 목석같이 책상에 앉아 있다

책상 위에 반듯이 놓여있는 달력을 보니
땅이 꺼질 듯한 한숨만
정확히 일주일 뒤에 그려진
빨간 동그라미만 보면
그 날짜만 오려서 창밖으로
날려버리고 싶다

잔잔히 흔들리는 호수 같은 밤바람에
창가에 걸어둔 은방울꽃 모양 풍경이
푸른 바다처럼 맑게 울린다
내 머리는 스트레스로 띵 하고
매가리 없이 울린다

이제는 12시를 훌쩍 넘긴 시간
눈꺼풀에 무쇠를 올려놓았는지
계속 눈이 감긴다

언제 졸았는지 볼펜으로 문제집에
알 수 없는 긴 막대를 그려놓고
내가 풀던 문제에는 지렁이가 기어다닌다

사과맛 사탕을 입에 물고
다시 공부를 이어간다
혹시나 했지만 역시나
결국 사탕을 문 채로 책상 위에 엎어지고

다음 날 아침

입안이 달달 이가 썩은 듯한 아픔

아무것도 먹지 못하고
하루 종일 시험공부를 하게 되었다

향수

3학년 이유림

원하는 향을 찾기까지
몇 번의 실패를 한다
원하는 향을 찾으면 생기는 설렘
사고 난 뒤 뿌리면 좋아지는 기분

하지만 시간이 지나고 냄새에 익숙해지면
결국 그 향에 무감각하게 되고 질리게 된다
그때 다른 좋은 향을 찾고
어느 날 다시 그 향을 맡으면 생각나는

향수는 마치 사랑과 같다

원하는 사람을 찾기까지 많은 시간이 걸리지만
찾으면 생기는 설렘
연인으로 발전하면 좋아지는 기분

시간이 지나며 생기지 않는 설렘
새로 생기는 질림
결국 다른 사람을 찾고 어느 날 떠오르면
그리워지는 사랑

드라마 속 주인공

3학년 노민하

도대체 왜
모든 드라마 속 주인공들은
죽지 않는 걸까

아직 스토리가 끝나지 않아서?
모두에게 소중한 존재라서?
아니면 그냥 주인공이라서?

주인공 주변 환경 때문에 죽지 않는 것

주인공에게 죽을 위기가 찾아오면
자신의 친구들을 위해서
사랑하는 사람을 위해서
죽을 위기를 모면한다

우정과 사랑의 힘은 대단하다

있는데, 없는

3학년 염지유

매일 매일 옷 고민에 시달린다
어디 놀러 가거나 중요한 약속이면 더더욱
하나씩 꺼내 본다
네이비 가디건, 많이 입어서 패스
부츠컷 청바지, 어울리는 상의가 없어서 패스
후드티, 너무 편해 보여서 패스
반팔, 아직은 추워서 패스
이렇게 제치고 나면 내 옷은 없다
엄마는 옷을 고르는 날 보고
매일 또 또 똑같은 말
옷 고르는 머리로 공부 좀 해라
옷은 많은데 맨날 입는 것만 입고
아주 그냥 옷을 몽땅 다 버려야 돼
분명 옷은 많은데
막상 입을 옷은 없으니
난 옷이 있는 거야, 없는 거야?

도미노

1학년 김현지

신호등이 초록 불로 바뀔 때면
자동차는 차례대로 자기 갈 곳을 간다
마치 다 쌓고 나면
아름답게 넘어지는 도미노처럼

안 돼 내 주식!
내 주식은 점점 추락한다
마치 잘못 쌓아 올린 도미노처럼
미끄러지고 미끄러진다

마치 아픈 추억처럼

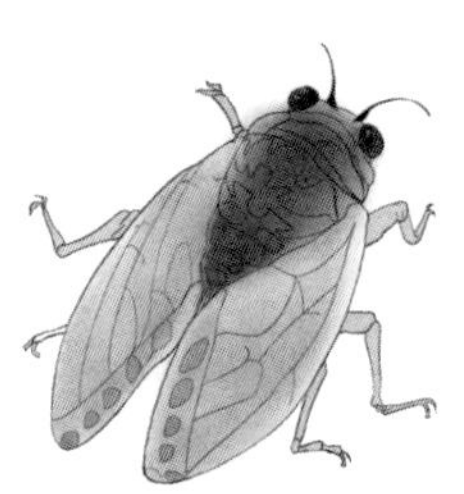

4부

내일도 달릴 수 있겠다

내일도 달릴 수 있겠다

1학년 최지윤

오늘은 서틀런 기록을 재는 날
이제까지 연습했던 기록보다 잘하자!
힘찬 발걸음으로 체육관을 향한다

다행히 앞 번호부터 기록을 잰다
두근두근 누가 내 가슴을 치는 것 같다
이젠 뒷번호 차례
떨리는 마음을 다잡고
60개만 넘자, 달리기를 시작한다

45개부터 땀이 뚝뚝 흐르고
5개씩 더해서
65개를 뛰었다
목이 바싹 마르고 다리에 힘이 풀린다

그래도 목표를 넘은 나의 체력을 보니
내일도 끝까지 달릴 수 있겠다

붕어빵의 계절

1학년 이시연

김밥집 옆에 붕어빵 가게
옆 가게와 다르게 문도 없고
달랑 붕어빵 기계만 두고
아주머니 혼자 붕어빵을 파신다

팥 붕어는 3개에 천원
슈크림 붕어는 2개에 천원
학원 끝나고 집으로 가는 길에
팥과 슈크림 천 원어치씩 사서
추워 꽁꽁 언 손으로 감싸든다

붕어빵이 식을라 조마조마하다가
얼른 김이 모락모락 나는 핫팩 같은 붕어빵을 꺼낸다
머리부터 달콤한 슈크림 붕어빵 한입
꼬리부터 고소한 팥 붕어빵 한입

몸은 추워 벌벌 떨리는데
입안에서는 따뜻한 붕어빵들이 펄떡거린다

공부에 지친 하루를 위로하는
나를 설레게 하는 그 맛
매일매일이 이리 달콤하면 좋을 텐데
나는 오늘도 붕어빵의 계절을 기다린다

질투

3학년 김지민

좋아하는 아이가 생겼다
그 아이랑 연락하는 시간이 좋고
아무것도 안 해도 같이 있는 시간이 행복하다
그 애를 만나고 집에 와서
괜히 그 아이의 인스타 팔로잉 목록을
쓱 본다
남자아이들 이름 사이로 보이는 여자애 이름
익산녀
바로 그 여자아이 계정에 들어가 염탐을 시작한다
보면 볼수록 이쁘네
침대에서 일어나 거울 앞으로 달려가
내 얼굴을 한번 본다
왠지 모르게 기분이 안 좋아진다
질투가 솟아오른다
멘토스가 콜라에 빠진 것처럼

만능 탈의실

3학년 신희재

우리 반 탈의실은 인기 만점,
만능의 방이다
다재다능 회의실도 되어주고
화해를 도와주고
맛난 걸 몰래 먹는 스릴을 주고
걸레 냄새도 싫지 않다
시험 당일은 내 눈물도 책임지는 방
오늘은 생얼로 들어간 친구가
이뻐져 나온다
대박, 우리 반 탈의실은 만능의 방이다

우리들의 계절

3학년 황시은

아직은 쌀쌀한 바람이 불어오던 봄
봄에 가장 잘 어울린다며 내게 불러준 노래
아직도 귓가에 아른거려
네 목소리는 봄날의 첫사랑 같았어

네가 제일 좋아하는 여름,
비 오는 날 불러 미안하다며 잡아준
네 손의 온기는 아직도 남아 있어

은행잎 노랗게 물들던 그 해 가을
박물관에 놀러 가 함께한 낙서
선물이라며 내 손에 꼭 쥐어준 작은 키링도
아직 집에 남아 있어

하얀 눈이 소복이 쌓인 겨울

눈 위에 찍힌 우리들 발자국이
귀여워서 사진도 찍었지

우리의 계절이 지나가고 다시 찾아온 봄
우리 처음 만난 공원에서 다시 마주쳤는데,
왜, 눈을 맞추어도 아무런 감정이
들지 않았을까
그토록 사랑한 것들이 왜 지금은
아무것도 아닌 것처럼 느껴지는 걸까

그런 날

3학년 홍유희

금방이라도 비가 쏟아질 것 같은
어두운 하늘 때문일까
오늘 아침 너의 표정이
더욱 슬퍼 보여
무슨 일 있나 걱정스러운 맘에
조심스레 물어보지만
아무 말 없이 창밖을 바라보는 너
그 사이, 밖에는 빗방울이 떨어지고
그걸 바라보는 너의 마음에도
비가 내리기 시작한 것 같구나
괜찮아,
금방 지나가는 소나기일 거야
비 갠 하늘이 유독 파란 것처럼
너의 마음에도 그런 날 곧 찾아올 거야

식욕

3학년 황아원

꼬르륵 엄청나게 큰 진동이 느껴진다
친구들이 과자를 먹는다
아 배고파, 하나만 달라고 할까?
그치만 난 다이어트 중이지!
이 배고픔만 참으면 살 빠지는 것을 알면서도
난 어느새 과자를 맛있게 씹고 있다
하, 진짜 이젠 단식한다
이 무한반복을 끝낼 거야,
다짐한 지 하루도 지나지 않아
나는 또 젤리를 먹고 있는가

설렌 날

1학년 정지원

학원이 끝날 때쯤 걔한테
뭐해? 라는 연락이 왔으면 좋겠다
오늘만큼은 말야
학원 수업이 끝나고 연락이 와 있었다
뭐해?
그 두 글자는 나를 설레게 한다

나의 꿈

2학년 김민경

무대 위에서의 나는
존재 자체가 꿈을 꾸고 있는 것만 같다

나 자신을 가지고 노는 지배자가 된 것 같기도
이 세상을 뚫고 나가고 싶어 하는 절규의 모습 같기도

무대 위의 나는
절망하며 후회할 수도 기뻐할 수도 있는데
왜 그 순간은 마냥 그렇게 좋은 걸까?

궁금하다
나의 꿈은 노력이 가상한 hope일까?
아니면 다신 꾸지 못하는 한순간의 dream일까?

물의 감정

2학년 최소은

물은 여러 방면으로 감정을 표현할 수 있다
풍덩!
처음 수영 시합에서 이겼을 땐
물에 빠진 것처럼 심장이 두근댔고

찰방찰방
잘한단 소리를 들었을 땐
놀이하는 어린아이처럼 들떴다

어떤 감정은
물에서 허우적대는 것같이 조급할 수도
물에 귀를 담고 빠져있는 것처럼 고요해질 수도
그냥 물에 떠다니는 것처럼 지루해질 수도
물 안에서 내가 원하는 대로 몸이 움직이지 않으면
짜증날 수도, 슬플 수도 있다

이 일곱 가지 감정 말고도 많은 걸
담고 있는 물
마음이 싱숭생숭한 날이면 물에 들어간다
그러면 마음이 고요해진다

네 번의 인생

3학년 김윤서

첫 번째 생에서는
너를 만나 너라는 존재를
나에게 알리고

두 번째 생에서는
너를 기억해
연모하다가

세 번째 생에서는
너를 찾기만 해
계속 혼자여도

마지막 생에서는
네가 나에게 마지막 사랑으로
돌아와 주길 바라며 기다릴게

무지개

2학년 주서영

연필 소리만 들리던 고요한 자습실에
눈물을 훌쩍거리며 들어오는 여자아이

의자에 앉아 고사리 같은 손으로
붉어진 눈을 비비며 눈물을 닦고 있다

망설임 없이 그 아이에게 다가가
휴지로 슬픔이 담긴 눈물을 닦아주니

그제야 아이의 얼굴에 소나기가 그치고
무지개가 활짝 피어난다

내 옆에는

3학년 김온유

학고 옆에는
편의점

친구 옆에는
남친

꽃 옆에는
나비

비 내리는 처마 밑에는
달팽이

내 옆에는…
살

날아라 풍선

3학년 신예원

무엇이든 너와 같이할 생각을 하면
마음이 풍선처럼 부풀어 오른다
수학여행 가서 같이 놀 생각하면
터질 만큼 빵빵해지는 마음
하늘로 날아 오른다
시험 끝나고 무얼 할지 정하지도 않았는데
벌써 신나서 풍선은 내 몸보다 커진다
시험이 끝나길 바라며 또 하나 풍선을 날린다
너와 함께하고 싶은 게 너무 많아
나의 상상은 알록달록
날개를 펼친다
오늘도 너와 같이 보낼 시간을 생각하며
하늘만 한 풍선을 띄운다

무쓸모 인간

1학년 안다윤

아침 9시 내가 제일 늦게 일어났다
식구들이 식탁에 둘러앉아
재밌는 이야기를 하나보다
밥 먹으라고도 안 하구
삐져서 방문을 쾅 닫고 방으로 들어간다

다음날 학교에서 한글날 포스터 만들기를 했다
우리 모둠 친구들은 각자 반듯반듯한 글씨체와
알록달록 예쁘게 색칠하며 포스터를 만들었다
볼품없는 내 글씨체를 떠올리다
그냥 조용히 연필을 내려놓는다

드디어 제일 좋아하는 체육 시간
우리 반은 발야구를 했다
내 차례다 공을 뻥 하고 찬다

아쉽게도 아웃, 속상해

야! 왜 공을 그쪽으로 차
주장이 소리를 지르며 나를 째려본다
주눅이 들어 조용히 맨 뒤 줄에 가서 선다
눈물이 주륵
나는 무쓸모 인간인가 보다

지우개

1학년 조수빈

너는
다 지울 수 있다면서

왜 못난 볼펜 글씨는 못 지워주냐
왜 짜증나는 친구는 못 지워주냐
왜 엄마의 귀 터지는 잔소리는 못 지워주냐

왜 내 모난 점들은 못 지워주냐고?
왜 이 욱하는 성질 못 지워주냐고?

미안해 지우개
화풀이 안 할게

계란 폭탄

1학년 윤다영

후라이팬에 기름 좌르르
계란을 탁 풀어 넣으면
으악,
기름이 팝콘처럼 튀어 오른다
무서워 덜덜거리며 일단 후퇴
무서운 마음 누르고 다시 다가가
소금 솔솔
이겼다!

계란 전쟁 할만하다
처음 해보는,
흥미로운 요리 도전
맛있는 계란 후라이

아프지만, 찬란한 시간

황수대(문학박사, 아동청소년문학평론가)

1.

다소 생소하게 들릴 수도 있지만, '청소년시'와 청소년이 쓴 '시'는 다른 개념이다. 일반적으로 '청소년시'는 성인인 전문 시인이 청소년에게 읽힐 목적으로 창작한 시를 말하고, 청소년이 쓴 시는 별다른 수식어 없이 그냥 '시'라고 말한다. 이는 '동시'와 어린이가 쓴 '시'도 마찬가지이다. 따라서 이들은 기본적으로 작품의 완성도 및 독자와의 소통 면에서 차이가 있다.

실제로 전문 시인이 쓴 청소년시는 청소년이 쓴 시에 비해 발상과 기법 면에서 뛰어나다. 하지만 대체로 시인의 관념 또는 과거 경험을 바탕으로 창작되어 오늘날 청소년의 삶과는 어느 정도 거리가 있다. 그에 반해 청소년이 쓴 시는 작품의 완성도 면에서 여러모로 부족하다. 하지만 청소년이 자신의 목소리로 자신의 삶을 그려냄으로써 독자의 공감을 얻어내기가 쉽다.

『오늘, 하늘을 보았다』는 공주북중학교 학생들의 쓴 시를 엮어 만든 시집이다. 공주북중학교는 매년 학생들이 쓴 시를 모아 시집을 발간하고 있다. 이 시집은 그 세 번째 권으로 총 76편이 수록되어 있다. 중학생들이 쓴 시라 더러 어색한 표현도 있지만, 기존의 청소년시에서 맛볼 수 없는 요즘 청소년의 내밀한 삶의 모습을 진솔하게 표현하고 있다.

2.

청소년기는 인간의 생애에서 정신적 · 신체적으로 가장 극심한 변화를 보이는 시기이다. 이 시집에는 그와 같은 청소년기의 발달 특징이 두드러지게 나타난다. 즉, 자아정체성을 비롯해 이성에 대한 호기심, 대인관계, 미래에 대한 불안감, 학업에 대한 중압감 등이 작품의 주요 소재로 등장한다. 그 가운데 가장 많은 수를 차지하는 것이 자아정체성과 관련한 것이다.

잘 알다시피 자아정체성은 청소년기의 가장 중요한 발달과업이다. 이는 타인과 구별되는 자신만의 독특한 성질을 뜻하는 것으로, 개개인의 삶의 목표나 가치관 등에 큰 영향을 끼친다. 올바른 자아정체성의 확립은 자존감을 높여줌으로써 주체적인 인간으로 성장하는 데에도 많은 도움을 준다. 하지만 이제 막 부모의 품을 벗어나 홀로서기를 시작한 청소년의 경우 아직 자아가 형성되어 있지 않아 곧잘 혼란을 겪기도 한다.

학교에서 한 번씩
진로를 물어본다

이 질문을 받을 때마다
난 멈칫한다

네이버에 찾아볼까
관련 책을 사서 볼까

자신이 좋아하는 일을 해라
항상 똑같은 말

내가 좋아하는 일이 뭐야?
내가 잘하는 건?

누구보다도 내가 날 잘 알아야 하는데
이 질문 하나 대답 못하네

의문의 배터리가 닳을 때까지
이젠 나도 피하지 않을래

—「나에겐 어려운 질문」 전문

이 시는 그 대표적인 작품이다. 이 시에 등장하는 화자는 "학교에서 한 번씩/ 진로를 물어"볼 때마다 마음이 몹시 불편하다. 왜냐하면 자신이 좋아하고, 자신이 잘하는 일에 대한 뚜렷한 확신이 없기 때문이다. 화자는 "누구보다도 내가 날 잘 알아야 하는데" 그러한 질문에 자신 있게 대답하지 못하는 자신이 못내 답답하고 한심하다. 자신이 어떤 존재인지에 대한 "의문의 배터리가 닳을 때까지/ 이젠 나도 피하지 않을래"하고 다짐하지만, 그것은 시의 제목처럼 무척 어려운 질문이다.

그런데 이는 비단 그만의 문제가 아니다. 그 또래에게서 흔히 볼 수 있는 현상이다. 왜냐하면 자아에 대한 개념은 청소년기에 생겨나기 시작하고, 자아가 만들어지기 위해선 "나를 보는 유일한 시간"(「또 다른 세계, 거울」) 즉, 나를 객관적으로 바라볼 수 있는 거울이 필요하기 때문이다. 주된 활동 영역 및 관심사가 가족에서 또래 집단으로 옮겨가기 시작하는 청소년의 경우 집단의 또래들이 그와 같은 거울 역할을 한다. 즉, 그

들과의 비교를 통해 자아정체성이 형성된다.

요새 애들이 아이패드를 많이 쓴다
아이패드로 공부하는 모습이 멋져 보인다
굿노트로 필기하는 게 신기해 나도 해보고 싶다
나도 남들에게 멋져 보이고 싶다

집에 갤럭시탭이 있는데도
어딘가 못나 보이고 쓸모가 없어 보인다
아이패드를 설명해주는 영상을 찾아본다
제일 저렴한 모델 아이패드9을 알게 되었다

내 용돈은 애플펜슬 하나 살 돈밖에 없다
머리를 굴려보자
알바를 해야 하나
아님 용돈을 꾸준히 모아 볼까
지금 당장 사고 싶은데

—「아이패드 병」 부분

이 시는 자아정체성이 어떻게 형성되는지를 잘 보여준다. 제목에서 보는 것처럼, 이 시의 화자는 '아이패드 병'을 앓고 있다. 자신의 용돈으로는 애플펜슬 하나밖에 살 수 없는 화자는 아이패드를 사기 위해 이리저리 궁리하지만 마땅한 방법이 떠오르지 않는다. 그런데 화자가 이처럼 아이패드를 원하는 이유를 살펴보면 너무나도 단순하다. "요새 애들이 아이패드를 많이" 쓰고, "나도 남들에게 멋져 보이고 싶"기 때문이다. 남들이 다 쓰는 그 흔한 아이패드를 갖지 못한 자신이 "어딘가 못나 보이고 쓸모가 없어 보"이기 때문이다.

이처럼 청소년기 아이들은 보통 자신과 비슷한 또래들과의 비교를 통해 자아를 만들어간다. 그 과정에서 긍정적인 경험이 많으면 자존감이 높아지고, 반대로 부정적인 경험이 많으면 자기 비하 혹은 퇴행하는 모습을 보이기도 한다. 따라서 과도하게 타인과 비교하는 것은 그리 바람직하지 않다. 그보다는 차분히 자신을 응시하고, 달성할 수 있는 목표를 정해 이를 단계별로 하나씩 성취하는 것이 자존감을 높이는 데 도움이 된다.

나는 분홍빛 복숭아
아직은 덜 익어 시큼한,
깨끗하고 예쁜 복숭아

햇살이 내리쬐고
내 몸은 뜨겁게 타들어가고
다른 친구들에 치여

이곳 저곳 까만 멍이 들어도
난 기쁘다
햇살에 익어 흐물거리고
이리저리 치어 까맣게 변하면
나는 더 달콤해질 수 있어

—「복숭아의 꿈」 부분

그런 점에서 이 시는 한 번쯤 주목해볼 만하다. "나는 분홍빛 복숭아/ 아직은 덜 익어 시큼한,/ 깨끗하고 예쁜 복숭아"에서처럼, 이 시의 화자는 자신의 미성숙함을 애써 부정하지 않는다. 또한, "햇살이 내리쬐고/ 내 몸은 뜨겁게 타들어가고/ 다른 친구들에 치여/ 이곳 저곳 까만 멍이 들어도" 기쁘다고 말한다. 이런 화자의 태도는 "나는 더 달콤해질 수 있어"와 같은 미래에 대한 자기 확신에서 비롯된다. 이 시는 자아정체성은 고정된 것이 아니라 환경이나 본인의 의지에 따라 얼마든지 바꾸어나갈 수 있다는 것을 알려준다. 자신의 정체성 문제로 고민하는 독자들에게 조금이나마 도움이 될 수 있을 것으로 생각된다.

3.

자아정체성 못지않게 청소년기의 중요한 발달과업은 건강한 대인관계 형성이다. 이 시기의 아이들은 자립심이 생겨나기 시작하면서 부모에게서 독립하려는 욕구와 계속 의존하려는 욕구 간의 충돌을 경험한다. 또한, 높아진 자의식으로 인해 자신과 타인의 관심사를 적절히 구분하지 못한다. 그 때문에 이 시기의 아이들은 부모 및 친구들과 종종 갈등을 빚기도 한다. 하지만 아직 갈등을 조절하고 해결하는 능력이 부족해 마음에 상처를 입기도 하는데, 이는 결과적으로 성장에 좋지 않은 영향을 준다.

사실 오늘날 경쟁이 치열하고, 모든 것이 파편화된 현실에서 건강한 대인관계를 형성하기란 쉽지 않다. 더욱이 치열한 입시 경쟁으로 하루하루 힘겹게 살아가는 청소년의 경우 타인과 깊은 관계를 맺는 것은 생각만큼 쉬운 일이 아니다. 이를 반영이라도 하듯 이 시집에는 가족 또는 친구와의 갈등으로 어려움을 겪는 아이들이 자주 등장한다.

2024년이 되던 해에 내 사춘기도 같이 와버렸다
며칠 전 씻고 보일러를 안 껐더니
일을 마치시고 돌아온 엄마가 야단치셨다
왜 안 껐니?

변명하지 마
감정이 격해져서 엄마에게 소리쳤다
어쩌라는 거야!

어머니는 화를 식히러 방에서 나가시고
나는 이불 속에서 눈물만 펑펑 쏟아냈다
거실과 나의 방은 냉랭하고 아무 소리도 들리지 않았다
죄송해요 엄마
엄마에게 편지를 남겼다
엄마도 미안하다고 하셨다

—「엄마와 첫째 딸」 부분

이 시는 어느 집이나 한번은 경험했을 법한 익숙한 풍경을 통해 화자와 엄마 간의 갈등을 그리고 있다. "며칠 전 씻고 보일러를 안 껐더니/ 일을 마치시고 돌아온 엄마가 야단치셨다"에서 알 수 있듯이, 이들 모녀의 갈등은 아주 사소한 것이다. 다른 때 같았으면 대수롭지 않게 넘어갈 수도 있는 문제이다. 하지만 2024년이 되던 해에 내 사춘기도 같이 와버렸다"에서처럼, 지금 화자는 사춘기를 건너는 중이다. 이 시기가 되면 아이들은 급격한 정신적 · 신체적 변화로 인해 감정의 기복이 심해지고, 어른들의 권위에 반항하는 모습을 보인다. "감정이 격해져서 엄마에게 소리쳤다" "죄송해요 엄마"는 그와 같은 사춘기 아이들의 특성을 잘 보여준다.

> 6학년 때 있었던 어떤 일
> 이 일이 나에게 너무나도 큰 영향을 주었다
>
> 낯가림이 심해졌다
> 발표를 못했다
> 무대에 올라가지 못했다
> 사람들이 무서웠다
>
> 그 당시 날 보던 한 선생님의 차가운 눈빛이 떠올라서
> 나는 사람들과 눈을 마주치지 못했다
>
> 나는 나를 이렇게 만든 내 친구를
> 어떻게 해야 증오하지 않을 수 있을까?
>
> ―「어떻게 해야 증오하지 않을 수 있을까?」 전문

그런가 하면 이 시는 화자와 친구 간의 갈등을 다루고 있다. 이 시의 화자는 "6학년 때 있었던 어떤 일"로 무척 힘들어하고 있다. 구체적인 진술이 없어 그 정확한 내막을 알 수 없지만, "낯가림이 심해졌다/ 발표를 못했다/ 무대에 올라가지 못했다/ 사람들이 무서웠다"를 통해 그동안 화자가 얼마나 고통스

러운 시간을 보냈을지 충분히 짐작하고도 남는다. 시의 말미에서 화자는 "나를 이렇게 만든 친구를/ 어떻게 해야 증오하지 않을 수 있을까?"하고 되묻고 있는데, 그러한 화자의 목소리에는 친구에 대한 원망과 슬픔이 짙게 묻어난다.

이처럼 이들 작품에 등장하는 아이들은 대인관계에 있어 어려움을 겪고 있다. 사실 여럿이 어울려 살아가다 보면 어떤 식으로든 크고 작은 갈등을 경험하기 마련이다. 따라서 중요한 것은 어떤 갈등이 발생했을 때 그것을 회피하기보다 적절히 조절하고 해결하는 능력을 기르는 것이다. 그러려면 자신의 감정을 이해하고 그것을 적절하게 표현하는 방법을 익힐 필요가 있다. 이와 더불어 타인의 감정이나 의견, 주장 따위에 대해 공감할 수 있는 능력을 갖추어야 한다. 실제로 이들은 대인관계에 있어 불필요한 갈등을 예방하는 데 도움을 준다.

남자아이한테 맞았다니까
누구야, 이름 대! 하는 엄도경
엄도경! 하고 부르면
엄도경? 성 빼고 이름만 불러! 하는 도경이
피구를 하면 슝슝 날아다니면서
국어 시간 선생님께서 보여주신 슬픈 영상을 보고
흐규흐규 엉엉 우는 피구왕
야! 하면 다들 뒤돌아볼 정도로 목소리가 큰 내 친구

쿠션, 쉐딩, 하이라이트, 틴트, 아이섀도
연예인 뺨치는 외모
괜찮아? 속상했겠다
그렇게 말하는 나의 엄지

—「엄지 척!」 전문

이 시는 대인관계에서 감정 적절히 표현하고, 타인에 대한 공감 능력이 얼마나 중요한지를 잘 보여준다. 이 시에 등장하는 엄도경은 그야말로 팔방미인이다. "연예인 뺨치는 외모"를 지녔을 뿐만 아니라 "피구를 하면 슝슝 날아다"닐 만큼 운동에도 탁월한 능력을 지녔다. 거기에 어려움에 놓인 친구를 위할 줄 아는 의리와 용기를 겸비하고 있다. 그런데 이 시에서 눈여겨볼 대목은 바로 국어 시간에 슬픈 영상을 보고 "흐규흐규 엉엉"울거나, 화자에게 "괜찮아? 속상했겠다"하고 말을 건네는 엄도경의 모습이다. 이런 엄도경의 모습은 그가 남다른 공감 능력을 지니고 있으며, 그것이 타인에게 얼마나 긍정적으로 작용하는지를 알게 해준다.

4.

이성에 대한 호기심 역시 청소년기에 나타나는 주요한 특

징 가운데 하나이다. 이 시기의 아이들은 왕성한 호르몬의 분비로 급격한 신체 변화 즉, 이차 성징이 나타난다. 그에 따라 자기 신체에 관심을 보이고, 자연스럽게 이성에 대한 호기심이 증가한다. 그래서일까? 많은 청소년시집에서 단골 소재로 다루고 있는 것이 바로 이성 교제이다. 이 시집에도 청소년의 이성 교제와 관련한 작품이 꽤 여러 편 실려 있다.

할머니, 첫눈 올 때까지 봉숭아 물이 남아있으면
첫사랑이 이루어져요?
할머니께서 눈가에 주름이 잡히게 웃으셨다
우리 다윤이 마음이 간절하면 이루어질 거야

정말일까
급식도 골고루 잘 먹는 그 애
싫어하는 시금치도 마법처럼 먹게 해준
체육 시간에 열정적으로 발야구를 하는 그 애
의욕이 없었던 내가 체육 시간을 즐기게 해준
그 아이와?

—「첫사랑 이루기 프로젝트」 부분

학원이 끝날 때쯤 걔한테
뭐해? 라는 연락이 왔으면 좋겠다

오늘만큼은 말야
학원 수업이 끝나고 연락이 와 있었다
뭐해?
그 두 글자는 나를 설레게 한다

—「설렌 날」 전문

이들은 모두 청소년의 이성 교제를 다룬 작품이다. 「첫사랑 이루기 프로젝트」는 봉숭아 물들이기를 통해 첫사랑과의 성공적 만남을 기원하는 내용을 담고 있다. 이 시에서 화자는 "첫눈 올 때까지 봉숭아 물이 남아있으면" 첫사랑이 이루어진다는 할머니의 말에 평소 자신에게 호의적이었던 "그 아이"를 떠올린다. 마지막 연에서 화자는 그러한 속설이 "정말일까"하고 의문을 품지만, 그 이면에는 첫사랑이 꼭 이루어졌으면 하는 간절한 바람이 짙게 깔려있다. 「설렌 날」에서 화자는 "학원이 끝날 때쯤 걔한테/ 뭐해? 라는 연락이 왔으면 좋겠다"라고 생각한다. 그리고 실제로 연락이 오자 무척 기뻐한다. "걔"라고 호칭하고 있는 것으로 보아 그 둘은 아직 정식으로 사귀지는 않는 것으로 보인다. 비록 소품이지만, 그 어느 작품보다도 청소년기 아이들의 풋풋한 연애 감정을 잘 표현하고 있다.

이젠 너에 대한 마음을 접었다
접는데 만 한 달 넘게 걸렸다

그렇게 널 잊고 시간이 지나
이제는 남자 친구가 생겼다
지금은 톡에서 널 완전히 지우고
찾아볼 수 없지만
숨 참는다고 참아지면 사람인가
잊겠다고 잊혀지면 뭐가 걱정인가
사랑이었다, 나에게 넌 정말로

—「나에게 넌」 부분

반면에 이들은 앞서 본 시와 달리 이성 친구와의 이별을 그리고 있다. 「나에게 넌」에서 화자는 헤어진 남자 친구를 여전히 떨쳐내지 못하고 있다. "이젠 너에 대한 마음을 접었다" "이제는 남자 친구가 생겼다"라며 애써 마음을 다잡아보려고 노력한다. 하지만 마지막 행의 "사랑이었다, 나에게 넌 정말로"에서 보는 것처럼, 끝내 화자는 헤어진 남자 친구를 못 잊고 있다.

5.

한 시인은 자신의 청소년시집에서 '연두'와 '빨강'을 청소년을 상징하는 중요한 키워드로 사용한 적이 있다. 여기서 연두는 지금은 비록 미성숙하지만 무한한 가능성이 열려 있는 존재를, 빨강은 기존의 가치나 규범에 쉽게 순응하지 않는 존재를 의미한다. 이는 다른 청소년시집에서도 공통으로 나타나는 것으로, 흔히 1318세대로 지칭되는 청소년을 바라보는 일반적인 시각이 어떠한지를 잘 보여준다.

지금까지 살펴본 것처럼 『오늘, 하늘을 보았다』에는 청소년들의 모습이 다양하게 담겨 있다. 앞서 언급한 작품 외에도 청소년기에 경험할 수 있는 보편적인 이야기로부터 "내 주식은 점점 추락한다/ 마치 잘못 쌓아 올린 도미노처럼/ 미끄러지고 미끄러진다"(「도미노」)와 같은 특수한 이야기까지 폭넓게 실려 있다. 더욱이 이들은 실제 청소년들이 자신의 이야기를, 자신의 목소리로 진솔하게 표현하고 있어 기존의 청소년시와는 또 다른 재미와 감동을 준다.

「오늘, 하늘을 보았다」는 이 시집의 표제작이다. 흔히 하늘은 '이상'을 상징하고, 땅은 '현실'을 상징한다. 현실이 어렵고 힘들수록 그에 비례해서 희망은 더욱 커진다. 아마도 이 시가 시집의 첫 자리를 차지하고 있는 것은 그러한 메시지를 전하고 싶었던 것이 아닐까. 아무리 고되고 힘들다 해도 사실 사춘기는 "금방 지나가는 소나기"(「그런 날」) 같은 것이다. 이 시집이 지금 어디선가 "아프지만/ 찬란한 시간"을 보내고 있을 청소년들에게 작게나마 위로가 되었으면 좋겠다.